AF316881

L 27
25026

PANÉGYRIQUE

DE

SAINT CLAUDE,

PRONONCÉ LE 6 JUIN 1869,

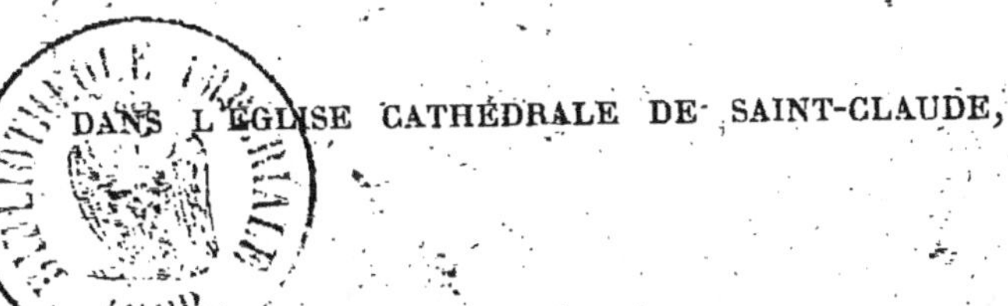

DANS L'ÉGLISE CATHÉDRALE DE SAINT-CLAUDE,

PAR M. L'ABBÉ BESSON,

SUPÉRIEUR DU COLLÉGE SAINT-FRANÇOIS-XAVIER DE BESANÇON.

BESANÇON,

TURBERGUE, LIBRAIRE-ÉDITEUR,

Rue Saint-Vincent, 33.

1869.

PANÉGYRIQUE

DE

SAINT CLAUDE,

PRONONCÉ LE 6 JUIN 1869,

DANS L'ÉGLISE CATHÉDRALE DE SAINT-CLAUDE,

PAR M. L'ABBÉ BESSON,

SUPÉRIEUR DU COLLÉGE SAINT-FRANÇOIS-XAVIER DE BESANÇON.

BESANÇON,

TURBERGUE, LIBRAIRE-ÉDITEUR,

Rue Saint-Vincent, 33.

—

1869.

PANÉGYRIQUE DE SAINT CLAUDE,

PRONONCÉ LE 6 JUIN 1869, DANS LA CATHÉDRALE DE SAINT-CLAUDE.

Patres nostri narraverunt nobis opus quod operatus es in diebus eorum et in diebus antiquis.

Nos pères nous ont raconté, Seigneur, les merveilles que vous avez opérées pour eux dans leur temps et dans les jours anciens qui les ont précédés.

(Ps. LXXVII, 13.)

ÉMINENCE (1),

Ainsi chantait David, au milieu de l'assemblée d'Israël, en remerciant le Seigneur des prodiges qu'il avait accomplis en faveur de son peuple. Il chantait la sortie d'Egypte, le passage de la mer Rouge, la manne du désert, la colonne qui avait marché à la tête des Hébreux pendant leur miraculeux voyage, leurs combats, leurs victoires, leur établissement dans la terre promise à leur vaillance et à leur fidélité. Au souvenir de ces jours fameux qui composaient toute leur histoire, les Israélites redoublaient de reconnaissance envers le Dieu de leurs pères, et, mêlant leur voix à celle des instruments, ils se prosternaient avec des cris de joie, d'enthousiasme et d'amour, au pied de l'arche sainte, compagne inséparable de leurs épreuves aussi bien que de leurs triomphes. Laissez notre voix s'animer elle-même à ce spectacle, répéter le psaume du prophète royal et préluder ainsi aux actions de grâces que nous devons au Seigneur dans la solennité de ce jour. C'est un spectacle plus grand en-

---

(1) Mgr Donnet, cardinal archevêque de Bordeaux.

Étaient présents : NN. SS. Fillion, évêque du Mans, et Nogret, évêque de Saint-Claude.

core qui nous attire dans ce temple, c'est une histoire plus longue et plus belle encore que celle d'Israël que nous venons chanter dans cette fête; c'est le témoignage de quatorze siècles que nous allons invoquer pour remercier Dieu, avec vos pères, avec vos ancêtres, avec les générations les plus reculées, des merveilles qu'il a opérées dans vos montagnes. Les vivants et les morts se lèvent ensemble et veulent en entendre le récit. Ce mouvement de toute la cité communiqué aux campagnes voisines, ces reliques de saint Claude tirées de leur sanctuaire, allant à la rencontre des reliques de saint Lupicin, pour les introduire dans cette cathédrale et les inviter à partager les honneurs de la cérémonie, ces saints du ve et du viie siècle portés comme des triomphateurs sur les épaules des prêtres, et parcourant la ville, entourés d'encens, de lumières et de chants sacrés, deux évêques menant la pompe triomphale, enfin, au milieu d'eux, un prince de l'Eglise accouru des extrémités de la France pour ajouter à toutes ces splendeurs l'éclat de sa pourpre et la popularité de son nom, tout parle ici plus haut que ma parole, tout m'avertit que nous célébrons la grande œuvre, l'œuvre de Dieu par excellence, l'œuvre de la foi et de la civilisation établie dans vos contrées : *Patres nostri narraverunt nobis opus quod operatus es in diebus eorum et in diebus antiquis.*

Un nom, celui de saint Claude, le patron de la cité et le protecteur du diocèse, rappelle toute cette gloire, tant il est populaire ; son histoire résume en quelque sorte toutes nos annales, tant elle dure, tant elle se prolonge au delà du tombeau. Je viens, en faisant son panégyrique, remercier Dieu de l'avoir choisi pour être au milieu de nous le principal instrument de sa miséricorde. Jamais saint n'a reçu ici-bas une mission plus longue, plus complète, plus efficace. Qu'il vive ou qu'il meure, du haut de son siége abbatial comme au fond de sa tombe, cette mission demeure la même. C'est par lui qu'au xixe siècle comme au viie, Dieu veut enseigner, persuader, consolider la foi. Saint Claude vit presque cent ans pour la glorifier sous les armes comme sous la mitre, dans le monde comme dans le cloître, tantôt par la parole, tantôt par la plume, toujours par les vertus de la sainteté la plus constante et la plus diverse ; mais depuis douze cents ans ses reliques vivent encore pour perpétuer cette prédication et vous en assurer les bienfaits. Voilà le grand ouvrage que Dieu a opéré par ses mains, la noble histoire qui sera racontée de génération en génération : *Patres nostri narraverunt nobis opus quod operatus es in diebus eorum et in diebus antiquis.*

Tel est l'objet de ce panégyrique. Plaise au Seigneur de bénir ma parole ! Plaise à saint Claude d'en agréer l'humble et filial hommage ! Heureux si je pouvais répondre dignement à l'appel si honorable et si affectueux que m'a fait votre évêque, à l'attention dont trois prélats daignent m'honorer, et au pieux désir de cette assemblée d'élite qui s'est formée autour d'eux pour donner à la fête de saint Claude tant de relief et d'éclat.

1. L'Homme-Dieu , annonçant à ses disciples les miracles qu'un peu de foi pouvait opérer, leur a dit qu'elle irait jusqu'à transporter les montagnes. Appliquez aux hauteurs que vous habitez cette image concise et saisissante, la promesse évangélique s'y vérifie avec tous les développements que peut lui donner l'imagination la plus hardie. Ce n'était au milieu du cinquième siècle que forêts épaisses, barrières formées par des arbres qu'avait déracinés la tempête, gorges profondes, où coulaient des rivières inconnues, sommets élevés qui n'étaient accessibles qu'aux cerfs et aux ours (1). La terre y était encore au premier occupant. Ni l'aigle des Césars ne l'avait effleurée dans son vol, ni le pied des conquérants barbares n'y avait cherché des sentiers perdus, quand un Séquanais nommé Romain quitta la ville d'Isernore, où il avait pris naissance, emportant avec lui la *Vie des Pères du désert*, de grossiers outils, quelques semences de légumes (2), et après deux jours de marche, rencontra enfin, entre trois sommets escarpés, au-dessus du confluent du Tacon et de la Bienne , l'eau fraîche d'une source qui désaltéra sa soif et l'énorme sapin dont les épais rameaux lui servirent d'abri. Salut, arbre sacré que le temps a détruit, mais dont le souvenir se projette encore, comme une ombre propice, au-dessus de cette ville et de cette cathédrale ! tente du premier homme qui habita ces lieux, salut ! Non, tu n'es pas destiné à ensevelir les vertus et les exemples de saint Romain ; en dépit des précautions qu'il a prises, tu deviendras fameux dans le monde ; ce moine inconnu sera le chef d'un grand peuple ; tu abriteras un grand monastère ; et quand les moines auront passé en faisant le bien, quand le monastère sera détruit, il restera une cité épiscopale habitée par une race intelligente, active, industrieuse, qui bénira jusqu'à la fin des siècles le nom

(1) « Si quis solitudinem ipsam inviam secare deliberet, præter consuetudiem sylvestrem, sive congeries arborum caducarum, inter juga quoque præcelsa cervorum platycerotum prærupta convallia, vix validus expeditusque poterit sub longâ solstitii die transcendere. » (*Vita S. Rom.*, c. I ; apud Boll., 28 feb.)

(2) « Allatis seminibus vel sarculo. (*Vit. S. Rom.*, c. I.) Intravit præmunitus sanctis libris et..... leguminum seminibus, rarisque utensilibus. (*Libellus metricus.*) »

de saint Romain. Je voudrais vous peindre le miraculeux développement
de la foi, de l'agriculture et de la civilisation introduites dans ces montagnes par le cénobite d'Isernore. En quelques années, tout se peuple et
s'anime autour de lui. Saints abbés, évêques célèbres, colonies de religieux, tout descend de cette thébaïde qu'il a fondée. C'est saint Lupicin,
son frère, qui vient l'y rejoindre, Lupicin, plus austère encore, qui
établit Lauconne (1), évangélise toute la contrée, prend la défense des
pauvres colons contre les exactions du fisc et va plaider leur cause au
pied du trône du roi Chilpéric, ébranlé et chancelant devant lui
comme s'il l'eût frappé de la foudre. C'est plus tard saint Oyand qui fait
fleurir l'éloquence et la poésie dans cette terre où l'on défriche désormais
l'esprit aussi bien que le sol, et où l'on enseigne avec succès les belles
lettres grecques et latines, non-seulement aux futurs religieux, mais à des
jeunes gens destinés à rentrer dans le monde. C'est ensuite saint Viventiole qui, d'une main façonnée à tous les travaux, tantôt transcrit les livres
anciens et corrige les discours de saint Avitus, archevêque de Vienne,
tantôt fabrique une chaise en buis, l'offre à l'illustre prélat et en reçoit
ces mots pour réponse : « Je vous souhaite une chaire en retour du siége
que vous m'envoyez ; » gracieux et poétique présage qui ne tarda pas à
s'accomplir, puisque Viventiole fut appelé au siége de Lyon sur la
désignation même d'Avitus, et y justifia toutes les espérances d'une
sainte amitié. Ce sont enfin ces cent religieux sortis de Condat, comme
d'une ruche trop pleine, et établis par le roi Sigismond dans l'abbaye
d'Agaune pour honorer le martyre de saint Maurice et de ses compa-
gnons, en montant autour des reliques de cette légion invincible une
garde de prières et de louanges qui ne se taisait ni jour ni nuit. Que de
souvenirs ! que de grandeurs ! que de gloires ! Et cependant je n'ai pas
encore abordé la vie la plus fameuse entre toutes les vies qui ont illustré
votre désert, je n'ai pas encore prononcé le seul nom qui doive rester à
vos montagnes tant que l'Eglise vivra et qu'elle chantera des litanies
autour des autels. Le premier nom que vous avez porté, celui de Condat,
a péri, malgré les fondations de saint Romain, le rôle politique de saint
Lupicin, les témoignages et les louanges des Grégoire de Tours et des
Avitus. Le nom de saint Oyand, votre quatrième abbé, a eu le même
sort, malgré six siècles de prescription et de bienfaits : il a cédé devant
le nom de saint Claude ; c'est au nom de saint Claude qu'il faut m'arrêter,
c'est pendant la vie de cet illustre personnage que l'œuvre de foi et de

____

(1) Aujourd'hui Saint-Lupicin, à deux lieues de Saint-Claude.

civilisation, entreprise par les saints, s'étend, se consolide, s'affermit pour la gloire de Dieu et le salut de vos âmes.

Il entrait dans les vues du Seigneur de montrer par la vie de saint Claude ce qu'il peut faire des hommes et comment il fait servir aux desseins de sa divine Providence tous les avantages que donnent une grande naissance, une valeur éprouvée, une parole éloquente, une plume habile, une piété profonde, une heureuse influence politique, et une vieillesse prolongée au delà des limites ordinaires. De tels hommes sont faits pour représenter Dieu ici-bas, enseigner sa loi sainte, répandre ses bienfaits, posséder le cœur de leurs semblables, et gouverner le monde. Ne soyez pas surpris que le Ciel les choisisse communément dans les maisons recommandables par leur noblesse et déjà honorées des charges publiques. La noblesse n'est rien si on en trahit la gloire par une conduite indigne, mais comme elle grandit, comme elle devient populaire, quelle facilité elle acquiert pour faire le bien, partout où la vertu la signale et la relève ! Ce fut le premier mérite de saint Claude. Né dans le château de Bracon, qui domine l'étroite vallée où commençait alors la ville de Salins, il appartenait à la famille des Claudius, l'une des dernières qui représentaient encore le patriciat romain dans la Séquanie, devenue la proie des Burgondes. Cette famille donnait des évêques à l'église métropolitaine de Besançon, et à la province des magistrats qui joignaient au titre de patrice du Scodingue, celui de maire du palais royal de Bourgogne. Les historiens s'accordent à vanter la douceur et la bienveillance avec lesquelles le père de notre saint exerçait ses fonctions de gouverneur ; mais ils signalent surtout les soins qu'il prit de l'éducation de son fils et les belles lectures dont il nourrissait une enfance prédestinée à de si grandes choses. La Bible, la Vie des saints, les Actes des martyrs, faisaient les délices de cette éducation toute chrétienne. De tels livres forment le caractère autant que l'esprit ; ils inspirent la prudence et l'affabilité ; ils enseignent l'art de plaire aux sages et de se concilier l'estime des vieillards : c'est l'école de toutes les vertus. Claude en sortit modeste dans son maintien, circonspect dans ses paroles, grave dans sa démarche. Il avait la face d'un ange, disent les chroniqueurs, tant sa beauté était remarquable, tant son sourire était pur, tant on voyait resplendir au dehors les marques de sa précoce sainteté, éclater jusque dans les traits de son visage les qualités de son esprit et de son cœur.

Qu'il sorte de la maison paternelle pour embrasser le métier des armes, rien n'est plus naturel à sa haute naissance ni plus conforme aux habitudes de son siècle. Qu'il passe, en faisant ce noble métier, de l'innocence à la vertu, ce n'est qu'un court apprentissage qui retarde à peine l'heure de sa vocation. Ne redoutez rien pour lui de la licence des camps, il gardera tous les charmes de l'innocence, il acquerra tous les mérites de la vertu, et quand ses vingt ans seront arrivés, on le verra dénouer son casque et déposer sans regret son manteau militaire pour venir demander la dernière place parmi les clercs de l'église cathédrale de Besançon. Dire que saint Donat gouvernait alors cette Eglise avec tout l'ascendant d'une parole éloquente, toute l'exactitude de la règle que sa plume venait de tracer, et toute l'autorité d'une vie plus éloquente que la parole, plus régulière que la règle elle-même, c'est assez indiquer par quelles leçons et quels exemples se forma le jeune soldat devenu chanoine de Saint-Etienne. A peine a-t-il paru sur les bancs des disciples, qu'on le juge digne d'enseigner les autres. L'étendue de sa science, la beauté de son élocution, la modestie de son caractère, la mortification de sa vie, font de lui le modèle des docteurs, et ses contemporains proclament qu'il n'a point d'égal dans la haute Bourgogne. Si de tels éloges affligent son humilité, c'est pour la rendre plus parfaite encore. Pendant que le monde admire dans sa personne un maître accompli, il dit adieu au monde et aspire à se perfectionner dans une nouvelle vie. Condat l'attire vers les hauts lieux où se forment les grandes âmes; mais déjà ce n'est plus Condat, c'est Saint-Oyand, en souvenir de l'illustre abbé qui l'avait gouverné deux siècles auparavant, et dont le tombeau était devenu fertile en miracles. Venez, prêtre du Seigneur, prenez votre essor, montez de toute la vitesse de ces grandes ailes que la mortification a données à votre corps, la prière à votre cœur, l'humilité à votre esprit; élancez-vous au combat singulier du désert, parmi ces montagnes que fréquentent les athlètes du Seigneur ; vous y boirez à la source qui a désaltéré la soif des saints, vous reposerez sous le palmier de ces nouveaux Antoines, vous entendrez tomber sur vous du haut du rocher ces pierres que remuaient les démons sans avoir pu troubler leur prière, et, demeurant ferme contre leurs assauts, vous deviendrez, avec plus de gloire encore qu'ils n'en ont obtenue, le père et le patriarche de ces florissantes solitudes. Il vient, mais déjà un ange avait annoncé sa venue (1). L'abbé l'accueille non comme un novice, mais comme un frère et comme un égal, et veut abdiquer le gouvernement entre ses mains. Claude s'y refuse pour demeurer au dernier rang, et il devient chaque jour plus

---

(1) « In monasterium S. Eugendi, ab angelo, ut ferunt, monachis prænuntiatus devenit. » (*Vit. S. Claudii*, apud Bolland., vI^a junii.)

digne du premier. La vie des saints fondateurs de Condat recommence : comme eux il ne se nourrit que de racines et n'a pour se reposer qu'un dur grabat. Comme eux, il fait son principal ornement de la pâleur de son visage et de la maigreur de son corps. L'exemple de sa ferveur anime et soutient tout le monastère, et quand, après la mort d'Injuriose, il ne peut plus décliner l'honneur de lui succéder (1), ces cinq ans passés à obéir ont fait voir qu'il était vraiment appelé à commander.

Suivez maintenant dans tous les détails de sa charge l'humble moine devenu le douzième abbé de Condat, et vous reconnaîtrez en lui un de ces hommes choisis de Dieu pour maintenir, pendant le viie siècle, les institutions qui faisaient le principal honneur de la religion et qui étaient alors l'asile même de l'humanité, plus affaiblie que jamais. L'ancienne gloire des Mérovingiens pâlissait en Neustrie et en Bourgogne, et Clovis, parvenu sur le trône presque au sortir du berceau, abandonnait aux maires du palais l'exercice de la puissance souveraine. Vainqueurs des Romains corrompus, les Barbares s'étaient eux-mêmes corrompus à leur tour. Les défaillances avaient succédé aux invasions, et la mollesse des mœurs à l'ivresse de la victoire. Il fallait réveiller dans les grands, soutenir dans les petits, par le spectacle de la vertu et de l'étude, cet esprit chrétien qui s'endormait dans la chair amollie, et qui trouvait à la cour des rois fainéants tant d'excuses pour ses faiblesses. Les écoles de Besançon déclinaient ; la discipline s'était affaiblie dans les chapitres ; il ne restait dans les Vosges que Luxeuil, dans le Jura que Saint-Claude, pour rallumer quelques étincelles d'intelligence et souffler dans les âmes la vigueur du dévouement, l'amour du sacrifice. Claude était, plus que personne, animé de ce génie mâle et fécond qui ne cède jamais et qui brûle de se répandre. Il représentait, par son caractère comme par les souvenirs de sa race, toute la Bourgogne le savait bien, la noblesse, le travail, la liberté et la grandeur de l'âme. Aussi, à peine a-t-il reçu le gouvernement du monastère, que les clercs accourent de Besançon, de Lyon, de Langres, pour se former sous ses yeux à la vie religieuse. De jeunes laïques les suivent, obéissant aux instincts d'un cœur élevé qui préférait, même en vue d'une carrière mondaine, l'austérité d'un grand cloître aux habitudes efféminées des cours. Le saint abbé les recevait tous avec la même bonté, ne faisant acception ni de la naissance ni de la fortune, et ne demandant à chacun de ceux qui venaient se mettre sous sa conduite, que la volonté sincère de servir Dieu et de se dompter soi-même. Ainsi, plus saint Claude avait

(1) En 644.

voulu fuir les hommes, plus les hommes mettaient d'empressement à le chercher et à le suivre. En plaçant si haut l'asile de la paix et l'idéal de la perfection , il attirait tout ce qui avait encore du goût pour les nobles plaisirs de l'étude ou pour les généreux combats de l'esprit contre la chair. Il aidait son pays et son siècle à continuer la grande bataille que l'homme , réhabilité par la foi, doit livrer incessamment au monde. Il enlevait à Satan l'élite de la Bourgogne, et la prenant, pour ainsi dire, dans ses bras vigoureux non moins que paternels, il la jetait dans les bras de Dieu même. Cette nature âpre, mais grandiose, ces aspects du ciel, ces hauteurs où l'âme respire à l'aise, ces abîmes qui se creusent à leurs pieds et où le regard se perd en mille détours, étaient autant d'images propres à entretenir dans des religieux le désir de la perfection. Les rudes sentiers de la montagne leur figuraient les voies étroites; le cloître qui la couronne semblait être la céleste Jérusalem, et, dans les précipices qui l'entourent, ils voyaient ces gouffres d'ignorance et de corruption où s'abîmaient les âmes dépravées. Partout la nature servait de miroir aux inspirations de la grâce.

Une abbaye qui était alors plus que jamais la patrie des saints et la terre des miracles, méritait bien d'attirer les regards des rois. Chilpéric père de sainte Clotilde, l'avait comblée de ses libéralités ; Clovis II, qui descendait de cette princesse et qui avait eu le bonheur de trouver dans sainte Bathilde, élevée du rang d'esclave à celui de reine , une femme dont le mérite égalait la beauté, se laisse prévenir aisément en faveur d'un monastère enrichi par ses ancêtres. Il reçoit Claude avec un tendre respect, lui assure la restitution des biens que le cloître a perdus, en augmente la valeur et en confirme la propriété par une charte authentique (1). Ai-je besoin de vous dire à qui profiteront ces largesses princières ? C'est pour l'honneur de la foi et l'exercice de la charité que Claude les a sollicitées. C'est Dieu qui en reçoit l'hommage, c'est aux hommes qu'en revient tout le profit. Les vases sacrés, les riches étoffes, ornent les autels du monastère ; les livres précieux enrichissent son école ; les reliques des saints sont déposées dans des châsses couvertes de pierreries ; les cloîtres se développent dans une enceinte plus vaste, et la maison des hôtes ouvre des salles plus commodes aux étrangers et aux pèlerins; le saint abbé distingue les pauvres entre tous les autres, il leur fait le plus touchant accueil, leur prodigue les vivres, les vêtements, les remèdes, et se dépouille non-seulement du superflu, mais du

____

(1) En 650.

nécessaire , pour soulager ces membres souffrants de Jésus-Christ.

Imaginez l'histoire du couvent le plus régulier; composez avec les traits les plus frappants des annales monastiques, la vie de l'abbé le plus parfait, le gouvernement de saint Claude vous offrira ce modèle achevé. Ce n'est pas seulement par l'exemple, c'est par la parole qu'il maintient sur ses religieux, sur ses hôtes, sur les colons du monastère, sur les pauvres qui en assiégeaient les portes, l'autorité de la loi divine. Avec son éloquence naturelle et sa connaissance parfaite des saintes Ecritures, il mêlait dans ses discours tous les charmes de la parole humaine à tous les attraits de la grâce divine, abaissant l'orgueil, éteignant la volupté, apaisant les convoitises les plus rebelles, et relevant le pécheur du milieu de ses propres ruines, pour donner aux larmes la douceur du repentir au lieu de l'amertume du remords. C'est le plus austère des maîtres quand il s'agit de soutenir la discipline ; c'est le plus miséricordieux des pères quand il s'agit d'arracher une âme au démon et de la sauver de ses propres désespoirs.

Il y avait plus de quarante ans que saint Claude donnait à l'Eglise et à la Bourgogne l'admirable spectacle d'un gouvernement si ferme et si paternel, quand Dieu l'éleva sur le siége métropolitain de Besançon. Saint Gervais venait de mourir, le clergé et le peuple étaient divisés sur le choix de son successeur : les plus pieux souhaitaient d'avoir un saint pour évêque, ceux qui inclinaient vers le relâchement auraient voulu nommer un prélat dont l'indulgence eût fermé les yeux sur leurs désordres. Mais voilà que le miracle de l'élection de Milan se renouvelle et que tous les partis s'accordent sur le même nom. Ambroise évêque ! avait crié un enfant en désignant le gouverneur de la ville aux fidèles agités par les intrigues des ariens ; Claude évêque ! crie dans notre cathédrale de Saint-Etienne une voix que l'on croit descendue du ciel. Le peuple et le clergé étaient en prières, ils entendent la voix divine, ils se rendent, et, apprenant que le saint abbé se trouve à Salins auprès de sa famille, ils vont l'y chercher aussitôt, l'instruisent de son élection, le ramènent malgré ses résistances, le portent comme en triomphe dans cette chaire antique où l'on compte jusque-là presque autant de saints qu'il y a eu d'évêques (1).

Qu'il était digne d'en continuer la suite, ce vieillard arraché au cloître par une inspiration si inattendue, et transporté au milieu d'un grand peuple avec quatre-vingts ans de vertus si diverses, si éprouvées et si

(1) En 685.

complètes! Je le vois appliqué à toutes les fonctions pastorales et déployant pour les remplir un zèle qui défie l'âge et qui étonne la nature. Il avait établi sa demeure parmi les clercs de sa cathédrale, vivant au milieu d'eux avec la régularité d'un moine, célébrant chaque jour le saint sacrifice avec toute la ferveur d'une première messe, instruisant son diocèse avec cette onction qui vient de la piété, cette science que donnent les longues études, et cette autorité si décisive qui n'appartient qu'aux cheveux blancs. L'évêque était alors, dans la société chrétienne, le juge des différends soit entre les fidèles, soit entre les clercs, aussi bien que le pasteur des âmes. On aimait cette magistrature, dont la religion tempérait l'austérité. On savait que la loi, pour trouver une expression plus adoucie sur des lèvres sacrées, ne perdait pas sa vigueur; et que ceux à qui il a été donné de lier et de délier les consciences dans l'ordre de l'éternité, avaient par cela même l'esprit assez libre, le cœur assez droit, les mains assez pures, pour rendre à tous bonne et brière justice dans l'ordre passager de la terre et du temps. Ainsi voué aux affaires séculières, saint Claude ne diminue rien, pour les traiter, ni de ses saintes méditations ni de ses veilles studieuses. La visite de cette vaste Eglise, qui comprenait alors toute l'ancienne Séquanie, n'effraie ni son âge ni son amour de la retraite. Il va, cherchant partout la brebis perdue, réveillant partout les forces intellectuelles et morales qui pouvaient l'aider à lutter pour la gloire de Dieu et l'honneur de son peuple contre la dépravation de son siècle. Son affabilité lui gagne tous les cœurs, sa parole lui assure l'empire sur tous les esprits; il est salué d'un bout de son diocèse à l'autre sous le titre de bon pasteur.

L'Eglise de Besançon ne recueillera cependant ni ses dernières leçons ni son dernier soupir. Claude veut mourir dans ses montagnes, où il se sentait si fort contre l'esprit du monde et où le relâchement de la discipline n'a jamais attristé ses yeux. Il abdique, après sept ans, la crosse épiscopale et va reprendre, auprès du tombeau des grands solitaires du Jura, l'humble bâton de l'abbé, qui pèse moins à sa conscience et à sa main. C'est là qu'une fois rendu au silence du cloître, il révise au fond de sa cellule les homélies qu'il a faites dans les chaires de son diocèse. A défaut de sa langue, sa plume parle toujours. Il jette sur des rouleaux de parchemin que la piété de ses enfants gardera avec une filiale jalousie, cette évangélique semence dont le grain tombait de sa bouche avec une abondance si pastorale, et que la rosée du ciel avait fait fructifier au centuple. Les traités qu'il compose deviendront le plus cher entretien de ses religieux, et les dernières inspirations de son génie illuminent encore les âmes, semblables aux rayons mourants du soleil qui se retire de votre horizon avec tant de majesté, en colorant d'un reflet si doux au cœur, si agréable aux yeux, la cime de vos rochers blanchie par le temps.

Quand la mort vient trouver le saint vieillard , c'est à peine si une légère secousse lui fera sentir son approche ; mais saint Claude est docile au moindre avertissement. Il assemble ses frères, il leur parle encore une fois de l'amour de Dieu et du mépris du monde , il console leur douleur, il essuie leurs larmes en leur donnant le baiser de paix, enfin il s'aide de leurs bras pour passer du cloître dans le sanctuaire et recevoir, au pied même des tabernacles, les derniers secours de la religion. Ce devoir accompli, il rentre dans sa cellule et reprend le siége où il a coutume de lire et de prier. Qu'il lève maintenant les yeux et les mains vers les montagnes éternelles, ce patriarche de la sainte tribu ! Que sa vie s'achève avec son siècle, qu'il s'endorme dans le Seigneur et qu'il monte aux cieux pour jouir de ce grand ouvrage légué avec sa vie à l'admiration des siècles suivants (1). Ce peuple instruit dans la foi par sa parole, ces colons nourris par ses mains, ces huit cent cinquante métairies répandues sur tous les versants du Jura et qui prospèrent sous la crosse abbatiale comme sous la houlette la plus paternelle, quelle civilisation dans la barbarie, quelle chrétienté au milieu de la décadence ! Quelle florissante école ! quelle bénédiction accordée à cette société d'élite, serrée autour de saint Claude comme pour échapper à la contagion universelle ! Quel tableau que cette vie dont la durée égale celle du siècle ! Quelle espérance pour les siècles à venir ! Là croît saint Vandrille, qui dotera la Normandie de l'abbaye de Fontenelle ; saint Gand, dont le nom est demeuré populaire sur les bords de la Saône comme sur ceux de la Loire ; saint Rustique, l'un des plus fervents disciples de saint Claude , élevé par lui aux fonctions de prieur, et destiné à le remplacer à la tête du monastère. Les Marin, les Aufrède, les Hippolyte, sont déjà nés à la vie religieuse ; ils ont goûté dans leur enfance la direction du saint abbé : ils laisseront, grâce à lui, une mémoire bénie, un nom canonisé par tous les suffrages, des cendres recueillies et honorées par la vénération publique. Le cimetière qui descend du cloître sur le penchant de la montagne, ressemble à ces catacombes de Rome chrétienne, où tous les ossements, toutes les poussières, furent des héros et des martyrs. Ici reposent les martyrs de la pénitence. Prenez ces os avec respect, baisez cette poudre qui n'a point de nom ; Jésus-Christ l'a

(1) En 699.

habitée, elle a fleuri dans le désert, elle refleurira un jour dans la gloire. Mais la poussière du maître n'a pas attendu ce réveil suprême. Ecoutez : saint Claude vit encore, il parle, il prophétise, il menace, il sauve, il ressuscite, il continue, du fond de sa tombe, le grand ouvrage de la civilisation et de la foi.

II. L'Ecriture a dit, en parlant des patriarches et des prophètes de l'ancien Testament : « Que leurs os refleurissent et sortent de leur sépulcre, car ils ont affermi Jacob et ils se sont rachetés par la fidélité et par la vertu : *Ossa eorum pullulent de loco suo, nam corrobaverunt Jacob et redemerunt se in fide virtutis.* » Les souhaits magnifiques du texte sacré se sont accomplis avec une prodigieuse exactitude sur le corps de saint Claude. Ce fut comme en dépit de lui-même aussi bien que du temps et de la mort. L'humilité lui avait fait craindre jusqu'aux plus modestes honneurs rendus par la religion et l'amitié. Il avait ordonné à ses disciples de l'inhumer sans aucun éclat, et pendant plus de cinq siècles son tombeau était demeuré sans gloire aux yeux des hommes. Mais plus on tarde à constater la vertu des reliques incomparables qu'il renferme, plus cette vertu éclate et prend de relief. Ce fut un abbé simple et modeste, Aymon, qui mérita de l'ouvrir et d'en constater les premiers prodiges. On trouve le corps de saint Claude tout entier et sans corruption, sa sainteté apparaît alors dans toute sa splendeur, sa seconde vie commence sur la terre, une seconde vie remplie, comme la première, de miracles qui persuadent la foi et de bienfaits qui la rendent chère à l'humanité.

Jamais cet apostolat d'outre-tombe n'avait été plus nécessaire. Le XIIe siècle penchait vers son déclin ; au dedans et au dehors, tout se précipitait dans une lamentable décadence. Au dedans c'était le cloître appauvri, les vases sacrés vendus, les religieux dispersés. Saint Bernard s'était ému de ce pitoyable état, il l'avait signalé au pape Eugène III, déclarant, dans une lettre empreinte d'une profonde douleur, « que le noble monastère de Saint-Oyand, autrefois si fameux par ses richesses et sa religion, était sur le point de périr (1). » Mais la foi elle-même semblait menacée dans le monde entier. Un schisme venait d'éclater, la chrétienté se partageait en deux obédiences, l'anti-pape Octavien triomphait à Rome, et Frédéric Barberousse l'appuyait partout du prestige de son nom et de l'autorité de ses armes. Alexandre III, le pontife légitime,

_____
(1) Opera S. Bernardi, epist. 291.

contraint de chercher un asile en France, avait peine à s'y soustraire aux embûches des Césars ; l'indigne Herbert, trop docile aux vues de l'empereur, occupait le siége de Besançon ; ses exemples semblaient entraîner le peuple, et la haute Bourgogne, jusque-là si attachée au saint-siége, allait devenir la proie de l'erreur. Qui ralliera donc nos contrées au pape persécuté et banni? Qui affermira nos pères dans la saine doctrine? Saint Bernard n'est plus ; où sont les saints, où sont les miracles ?

Où sont les saints ? Tournez vos yeux vers la Savoie et suivez cet homme puissant en œuvres et en paroles, qui sort des Alpes pour gravir les hauteurs du Jura. C'est un moine, c'est un évêque, c'est saint Pierre de Tarentaise. Il vient prêcher la vraie foi et le vrai pape. Mais pour autoriser sa doctrine, c'est auprès du tombeau de saint Claude qu'il instruit les pèlerins accourus pour l'entendre, c'est saint Claude qu'il invoque pour guérir les malades et ressusciter les morts, c'est à saint Claude qu'il attribue ses propres miracles. Il sera dans le monde le héraut de la gloire nouvelle de saint Claude (1). Levez-vous maintenant, ô saint abbé, levez-vous et marchez : avec un tel précurseur, vous réveillerez la foi sur vos pas et vous la récompenserez en faisant voir la vertu sortie de vos reliques. Ce n'est pas sans dessein que Dieu a défendu à la mort d'opérer dans votre tombeau son travail de destruction. Il veut que votre tombe voyage, et que, en quelque lieu qu'elle s'arrête ou qu'elle passe, elle évangélise le pays.

Saint Claude descend de ses montagnes, porté sur les épaules de ces religieux que le spectacle de son corps incorruptible a régénérés dans la discipline et dans la vertu. Les villes s'émeuvent à son approche, les peuples forment son cortége, il entre dans les plus vastes basiliques, et la foule qui le suit, trop grande pour y être contenue, déborde, en chantant des cantiques d'actions de grâces, dans les rues et sur les places publiques. Il visite, dans cette nouvelle tournée pastorale, les principales cités de la haute Bourgogne, dont il a été le premier pasteur : Lons-le-Saunier, où il guérit une femme paralytique; Poligny, où un aveugle retrouve la vue en l'implorant; Saint-Aubin, où les accès furieux de l'épilepsie s'apaisent en sa présence; Arbois, où les boiteux marchent, où les possédés sont délivrés du démon, où les morts ressuscitent. L'église du prieuré de Saint-Just est assiégée nuit et jour par les flots des pèlerins venus des bords escarpés du Doubs comme des plaines riantes de la Saône et de l'Ognon, aux pieds du nouveau thaumaturge. Il faut continuer

(1) Gaufredus, in vitâ B. Petri, apud Bolland. VIII^a maii.

ce voyage fameux pour répondre à l'empressement public, il faut visiter la Bresse, le Bugey, les Dombes, il faut montrer partout celui que des légendes appelleront désormais le faiseur de miracles : *Patrator miraculorum*.

Mais dès le XIIIᵉ siècle, ce n'est plus saint Claude qui va chercher les peuples pour ranimer leur foi par des miracles et la récompenser par des bienfaits ; ce sont les peuples qui montent, par toutes les routes ouvertes en Europe, jusqu'à ce tombeau signalé à l'admiration de la chrétienté. Le pape Innocent IV recommande le pèlerinage et l'enrichit des faveurs de l'Eglise (1). Lyon avait longtemps hésité à croire, mais cette ville, à qui la piété est si naturelle, n'hésite plus dès le jour où l'une des plus humbles de ses enfants, une femme dont la main gauche était desséchée depuis vingt ans, rapporte du tombeau de saint Claude cette main saine, vigoureuse et brillante de santé ? Quel est le miracle qui n'a pas été raconté sous ces voûtes par la reconnaissance des pèlerins ? Ils viennent apprendre à vos ancêtres que le nom de saint Claude a apaisé des tempêtes sur le lac de Genève, sur la Méditerranée, sur l'Océan. Des marins échappés au naufrage disent, les larmes aux yeux, qu'ils allaient être entraînés par les eaux, quand ils ont vu saint Claude remettre à flot leur embarcation. De braves chevaliers, le front tout meurtri de blessures au combat, suspendent aux pieds de la châsse miraculeuse les restes d'une épée qui est demeurée dans leurs mains, comme la vie dans leur corps, par l'intercession de saint Claude. D'autres, devenus captifs des infidèles, ont vu tomber leurs fers en se vouant à votre saint patron, et ils apportent ces fers brisés au puissant thaumaturge qui leur a rendu la patrie, la famille et la liberté. L'eau, l'air, le feu, tous les éléments de la nature, obéissent à la voix de saint Claude, tant il y a de force, de grâce et d'autorité dans cette voix partie du fond d'un tombeau, tant la prière a de crédit, quand pour aller à Dieu, elle se tourne vers ces saintes montagnes où saint Claude, lui donnant les ailes de l'aigle, l'aidera à franchir les nues et à percer les cieux. On l'appelle d'un bout du monde à l'autre le consolateur des affligés, la lumière des aveugles, l'ouïe des sourds, la parole des muets, le salut des naufragés, le secours des religieux, la santé des malades, la force des faibles, la résurrection des morts, le refuge de tous ceux qui avaient confiance dans sa charité. Jamais, depuis saint Martin et jusqu'à saint François-Xavier, la foi n'a opéré tant de miracles ; jamais la foi n'a paru plus semblable à la charité, puisque tous ces miracles sont des bienfaits.

(1) *Gallia nova christiana*, t. IV, aux pièces justificatives.

C'étaient les humbles et les pauvres qui avaient inauguré le pèlerinage, mais les princes et les rois ne tardèrent pas à venir à leur suite, comme les mages à la suite des bergers dans l'étable de Bethléem. Hélas! les rois et les princes ne sont pas plus que les autres hommes à l'abri de la douleur, et la protection des saints est bien nécessaire à leur condition. Je vois les sires de Chalon et les comtes de Savoie parmi les grands personnages qui viennent incliner ici leur noblesse et leur fierté. C'est Frédéric d'Autriche; c'est Philippe le Hardi, en qui commence la maison de Bourgogne; c'est Charles le Téméraire, en qui finit sa glorieuse histoire. Charles le Téméraire et Louis XI, si différents par le caractère, si irréconciliables par la politique, apportent ici la même confiance, récitent les mêmes prières, et laissent tous deux des marques éclatantes de leur munificence et de leur piété. Que la postérité blâme sévèrement la déloyauté et la perfidie du roi de France, elle en a le devoir; mais le Dieu qui lit au fond des cœurs, y voit souvent moins d'hypocrisie que d'inconstance. Dieu a jugé dans sa miséricorde ce monarque si avare envers les hommes, si libéral envers saint Claude. Un jour, comme dit Comines, il lui fallut passer par où tous les autres avaient passé, et ce fut un saint arrivé du fond de la Calabre, qui vint lui faciliter l'étroit passage. Saint Claude n'avait pas été ingrat, saint Claude payait sa dette en députant saint François de Paule au lit du royal agonisant. Aimez et honorez les saints, parez leurs autels; faites des actes de foi en dépit de vos désordres; les saints n'oublieront rien, les saints, à force d'avoir pitié de vous, vous décideront à en avoir pitié vous-mêmes, les saints vous mériteront la grâce de bien mourir.

Ce n'est pas assez que les simples particuliers fassent ce pèlerinage, ce sont des paroisses, des villes, des provinces, qui apportent ici des vœux solennels et qui chargent leurs magistrats de les acquitter. La Bourgogne donne l'exemple, la Flandre le suit, la Picardie vient après elles, la Lombardie, l'Espagne, la Suisse, envoient leurs députés, le glorieux sépulcre est entouré des hommages et des offrandes de l'univers entier, et c'est la reconnaissance de l'univers qui impose à votre cité le nom de saint Claude. Ah! que ce nom est bien acquis et comme vos annales le justifient à chaque page! Saint Romain et saint Lupicin avaient apporté à vos montagnes le bienfait de l'agriculture, saint Oyand l'amour et le goût des belles-lettres, tous le don plus inestimable encore de la piété; mais ce sont les reliques de saint Claude qui ont étendu, peuplé et bâti l'enceinte de vos murs. Votre cité est née à l'ombre d'un tombeau, c'est à ce tombeau qu'elle doit son nom, ses places publiques, ses fêtes religieuses,

ses marchés si fameux qui suivaient les fêtes, le développement de son commerce, et l'habileté merveilleuse avec laquelle on y apprend à façonner le buis et à ciseler l'ivoire. Les saints du premier siècle avaient donné l'exemple de cette charmante industrie, mais les ouvriers des derniers temps l'ont agrandie et poussée jusqu'à la perfection, soit pour suffire à la dévotion des fidèles, soit pour peupler les palais des princes de ces mille statuettes où l'art éclatait autant que la piété, et qui faisaient des souvenirs d'un pèlerinage ou d'un vœu, des chefs-d'œuvre de sculpture. Ici encore je reconnais les bienfaits à côté des miracles, je bénis le patron de la cité, et je confesse que ses ossements méritaient de vivre et de refleurir à jamais, puisqu'ils ont affermi de toutes parts la fortune de Jacob et qu'ils ont fait le salut, la vie, la gloire du peuple tout entier : *Ossa pullulent de loco suo, nam corroboraverunt Jacob et redemerunt se in fide virtutis.*

Chaque siècle ajoute à la gloire de saint Claude et à la reconnaissance de la contrée. Dès que la réforme éclate, Berne se flatte de l'établir dans vos fidèles montagnes, en pillant l'abbaye et en profanant les saintes reliques. Voici cinq cents soldats armés par l'erreur ; mais que sont-ils auprès de cette poignée de bourgeois qu'anime et que soutient le nom de saint Claude ? En avant ! en avant ! sous la bannière de l'abbaye. Villard-la-Rixouse, le Fort-du-Plasne, se joignent à eux, l'ours de Berne recule et cherche le salut dans la fuite. Il est trop tard, saint Claude l'atteint au delà des Rousses, le noie dans le sang, le chasse avec ignominie et lui laisse à peine assez de soldats pour porter à la Suisse la nouvelle de la défaite (1). Cinquante ans après, j'entends les Genevois, armés jusqu'aux dents, monter d'un pas discret les hauteurs du Jura à la faveur des ombres de la nuit. Ils comptent les heures, ils mesurent leurs pas, ils s'applaudissent d'avance du succès de leur entreprise. Rien ne bouge encore quand ils arrivent au-dessus de Septmoncel ; mais les cloches s'ébranlent pour sonner matines, c'en est assez pour qu'ils s'arrêtent et qu'ils hésitent un instant. Puis, songeant qu'ils n'ont à combattre que des moines et à triompher que de la prière, ils rient de leur propre terreur et poursuivent leur route. Trois heures s'écoulent, la troupe approche des murs, l'assaut va être donné. Non, prêtez l'oreille, un bruit nouveau se fait entendre, c'est le tambour qui annonce l'aubade. A ce bruit, une terreur panique s'empare de leur âme, ils se croient découverts, ils reculent, ils jettent leurs armes, ils s'enfuient en désordre, et la ville ap-

(1) En 1584.

prend à son réveil et le péril et la délivrance. Des cloches et des tambours,
voilà tout ce qu'il faut pour épouvanter l'erreur et sauver la foi, quand
ces cloches sonnent dans l'abbaye de Saint-Claude, quand ces tambours
battent sous la main de ses fidèles enfants. La protection du saint ira
plus loin. Pendant cette fameuse guerre de dix ans qui n'a laissé debout
que quatre villes dans toute la Comté, Pontarlier et Nozeroy deviennent
la proie des flammes, Saint-Claude tombe au pouvoir des Suédois, la ville
est à l'abandon, les bourgeois sont en fuite, partout le pillage, la déso-
lation, l'image de la mort. O saintes reliques, qu'allez-vous devenir ? La
troupe impie et sacrilége que commande le prince de Nassau, déjà
chargée de butin, ivre de carnage, pénètre dans l'église de Saint-
Claude. Plus de soldats, plus de cloches, plus de tambours, une simple
grille sépare l'ennemi du sanctuaire ; deux cents mains la secouent et
l'ébranlent, elle va céder. Non, dans ce sanctuaire qui n'est plus gardé
que par les anges, c'est le fer qui résiste, c'est la main qui se tord,
c'est le Suédois qui tremble dans son impuissance, il faut lâcher prise,
il faut s'enfuir devant un bras invisible (1). C'est le bras de saint Claude,
saint Claude est vainqueur, ses reliques triomphent, ses reliques sont
pleines de force, de courage et de vie : *Ossa eorum pullulent de loco suo.*

Regardez maintenant ces dix mille Comtois que le malheur des temps
a forcés de quitter leur patrie. Ils dirigent leurs pas vers Rome, patrie de
toute la chrétienté, et ils vont demander un asile au père commun des
fidèles. Mais ils emportent dans leur cœur l'image de leurs montagnes
absentes, et sur leurs lèvres le nom de saint Claude. C'est à saint Claude
qu'ils se confient dans leur voyage, c'est sous le vocable de saint Claude
qu'ils bâtissent une église dans la ville éternelle, c'est le nom de saint
Claude qui les distingue entre toutes les nations, et qui les fait recon-
naître, à leur dévotion et à leur zèle, pour de fiers et honnêtes Comtois.
Ils sont morts aux pieds des sept collines, ce n'était point pour eux la
terre étrangère, et cette terre garde encore et leur tombe et leur nom.
Oh ! laissez-moi saluer cette colonie enterrée sous la bannière de saint
Claude. Vos pèlerins, en y entrant, se croient dans une église de la Comté.
Vos savants la reconnaissent, vos évêques la visitent avec une vive et paternelle émotion ; vos missionnaires y mènent les vaillantes recrues qu'ils
ont faites dans le fidèle Jura pour la cause pontificale. Evêques, soldats,
pèlerins, ce n'est pas sans dessein que Dieu vous envoie éveiller au fond
de leur tombe ces montagnards du grand siècle ; leur cœur, tout poudre

(1) Le 16 mai 1639.

qu'il est, tressaille sous vos pas, et si le trône de Pie IX est menacé par la révolution, ils se lèveront, ces dix mille Comtois, pour former une armée invisible et se mêler à nos zouaves, en qui ils reconnaissent les héritiers de leur foi ; *Saint Claude* sera encore leur cri de guerre ; ce cri, la terre ne l'entendra pas, mais les anges le rediront, le ciel en sera ébranlé, et saint Michel accourra à la tête des saints pour gagner la bataille. *Ossa eorum pullulent de loco suo!*

Il faut finir, et cependant je ne vous ai cité encore ni sainte Jeanne de Chantal, ni saint François de Sales, qui, partant l'une de la France, l'autre de la Savoie, se rendirent à l'autel de saint Claude (1), mêlèrent leurs prières et leurs larmes en vénérant les saintes reliques, et commencèrent devant ce grand témoin les relations de leur commune piété. La vie continue à sortir d'une tombe déjà si fertile en miracles, c'est la tombe de saint Claude qui devient le berceau de la Visitation. Qu'on l'ouvre sous les yeux du cardinal d'Estrées, avant que le xviie siècle s'achève (2), ou que le premier évêque de Saint-Claude veuille satisfaire sa piété dans le cours du siècle suivant, en vérifiant l'intégrité incorruptible du précieux dépôt (3), l'expérience est toujours la même, saint Claude demeure toujours avec les signes les plus caractéristiques d'une chair miraculeusement conservée, et le texte de nos Ecritures s'accomplira jusqu'au dernier jour et à la dernière lettre : *Ossa pullulent de loco suo!*

Il faut finir, et c'est le récit d'une profanation et d'un châtiment qui vient sur mes lèvres et que j'hésite à vous faire. Mais comment effacer de nos annales la terreur, l'échafaud, les triomphes de l'impiété? Non, point de faux patriotisme, point de vaine complaisance. Nos pères ont péché, avouons leur faute, et tremblons de pécher à notre tour. Ils ont péché, les uns par faiblesse, les autres par peur, le jour, à jamais néfaste, où un proconsul d'odieuse mémoire, dont le nom ne souillera point cette chaire, vint arracher de son sanctuaire le corps de saint Claude (4). Le bras du Seigneur est-il raccourci, et les saintes reliques ont-elles perdu leur antique puissance? Non, j'en atteste le bruit lugubre et sourd que fait entendre ce corps en tombant sur le pavé de ce temple, j'en atteste l'épaisse fumée, l'insupportable odeur qui s'échappe du bûcher préparé devant le portail pour consumer le corps. Non, le Ciel ne cessait pas de

(1) En 1604.
(2) En 1690.
(3) Mgr Méallet de Fargues, en 1754.
(4) Juin 1794.

parler, d'avertir, de menacer. Mais il arrive une heure où le Ciel se lasse et où Dieu laisse aux hommes la permission de faire le mal. Cruels, qui ne voulez rien entendre, elle sonne, cette heure fatale, profitez-en : *Hæc est hora vestra.* L'ange qui veillait depuis douze siècles sur le sacré dépôt, détourne un moment les yeux, la terreur qui avait frappé tant de fois les ennemis de saint Claude leur laisse un peu de répit, ils saisissent ce corps, ils le brisent, ils l'emportent à moitié éperdus jusqu'au couvent profané des Carmes, où on le brûle pour éclairer une nuit d'orgie. Il est donc détruit et détruit sans retour ! Non, l'iniquité s'est trompée, l'avant-bras de saint Claude est tombé de ces mains qui précipitaient leur ouvrage, un fidèle le ramasse et le cache dans sa demeure, pour que l'Ecriture soit vérifiée encore une fois avec une incroyable exactitude : *Ossa pullulent de loco suo !*

Que n'ont-ils compris plus tôt le présage sorti de ce bûcher dont la chaleur était insupportable et de cette fumée si épaisse qu'il était impossible d'en approcher. C'était l'avertissement suprême du Ciel en courroux. Cinq ans s'écoulent, et le poids du crime accompli par un étranger pèse comme un remords à la cité qui l'a permis. De sinistres pressentiments s'emparent des meilleurs esprits ; les fronts s'assombrissent, la vengeance approche : on a vu un spectre en feu brandir un glaive menaçant, on entend sortir de la bouche prophétique des femmes et des petits enfants les paroles dictées par la conscience publique : *On a brûlé saint Claude, la ville sera brûlée.* Ce fut en plein été et en plein midi (1). O prodige ! ô stupeur ! une immense colonne de fumée s'élève du milieu de la ville. La flamme s'en échappe et s'élance comme d'un trait, poussée par une main invisible, vers le couvent profané qui avait été le théâtre du sacrilége. En un clin d'œil tout est embrasé. Ah ! n'en doutez pas, ce sont les cendres de saint Claude qui retombent comme une pluie de feu sur la Jérusalem qui a tué ses prophètes. Regardez, quatre-vingts victimes, quatre mille âmes sans asile et sans pain, trois cents maisons écroulées, l'hospice détruit, la cathédrale frappée de la foudre, parce qu'elle n'était plus l'asile du Dieu vivant, mais le temple de la raison égarée, et au milieu de ces ruines accumulées, seule encore intacte, seule encore debout, l'humble maison où le bras de saint Claude avait été recueilli, voilà dans un seul spectacle la punition éclatante de l'impiété, la récompense plus éclatante encore de la foi. Les os des saints ont donc gardé leur crédit, saint Claude est donc tout-puissant encore sur les élé-

(1) Le 19 juin 1799.

ments ; il excite ou il apaise les flammes à son gré ; saint Claude est encore vivant : *Ossa pullulent de loco suo.*

Qu'elle renaisse maintenant à l'ombre de ce bras protecteur, cette ville ainsi châtiée par la miséricorde éternelle. La révolution lui a ôté son nom pour l'appeler Condat-Montagne, mais cette dénomination burlesque n'a pas tenu plus longtemps que le calendrier révolutionnaire, et vous avez repris maintenant et pour toujours le nom chrétien de Saint-Claude. Les enfants déplorent et réparent la faute de leurs pères ; la vieille cité se rebâtit, se repeuple, s'embellit, s'étend chaque jour sous le pieux vocable que la foi du monde entier lui a imposée. La cathédrale se rouvre, le trône épiscopal se relève, et la juridiction de l'évêque, plus étendue que jamais, s'étend des hauteurs du Jura aux plaines de la Saône. Il manquait une chapelle monumentale pour achever cette réparation publique ; et c'est demain qu'on en pose la première pierre. Il fallait signaler aux générations nouvelles l'humble maison où le bras de saint Claude avait été recueilli, et voilà que cette maison va devenir un temple. Non, je ne saurais finir sans laisser déborder de mon cœur et de mes lèvres les accents de la reconnaissance. Pieux évêque de Saint-Claude, réjouissez-vous, vos vœux sont accomplis et le Ciel bénit de la manière la plus sensible votre ministère. Je vois à vos côtés le pontife qui a gouverné avant vous cette illustre Eglise et qui, en donnant son cœur à l'église du Mans, y a laissé une si large place pour le clergé et le peuple de vos montagnes. Il vient applaudir à votre zèle, jouir de vos triomphes, partager votre bonheur. C'est saint Lupicin qui vient revoir saint Claude ; ce sont deux frères qui se reconnaissent et qui s'embrassent au seuil de cette cathédrale ; ce sont deux patriarches et deux pères qui viennent prier ensemble pour le peuple et pour la cité. L'Eglise est toujours la même, la foi ne change pas, le XIXe siècle ressemble au VIIe ; au ciel et sur la terre, les saints qui triomphent et ceux qui combattent s'appuient l'un sur l'autre, marchent du même pas, suivent la même route et guident au même but le troupeau confié à leurs soins. Mais pourquoi n'userais-je pas ici de la liberté de la parole sainte pour vous inviter vous-même, Eminence, à nous donner à tous l'exemple d'une sainte allégresse. Qui se connaît mieux que vous en grandes œuvres, en nobles restaurations, en ouvriers évangéliques, en évêques selon le cœur de Dieu ! Vous le retrouvez à la tâche auprès du tombeau de saint Claude, ce pontife qui a débuté avec vous dans la carrière apostolique et qui a évangélisé la Touraine il y a quarante-cinq ans, en s'inspirant de votre expérience et de vos vertus. Votre rôle continue dans l'Eglise de France. Après avoir célébré vos secondes

noces, vous demeurez, sous la parure de vos cheveux blancs, le type du tra-
vailleur infatigable, la providence d'un grand diocèse, l'oracle des conciles
dans une grande province qui s'étend au delà des mers et pour qui l'océan
n'est qu'un lac français, l'une des lumières de nos assemblées politiques,
l'un des anciens du sacré collége et l'un de ceux sur qui Pie IX aime à
reposer sa tête dans les épanchements de son affectueuse paternité. Il n'y a
rien, Monseigneur, que nous n'espérions de votre pèlerinage : l'image de nos
montagnes se gravera en traits profonds dans cette mémoire qui n'a rien
oublié ; ce chapitre si régulier et si savant, ce clergé si attaché à ses de-
voirs, cette école si édifiante formée à l'ombre des autels, où des enfants
portent l'habit du cloître, s'exercent à en ranimer l'esprit et les pratiques,
et interrompent leur sommeil pour chanter l'office divin, ce peuple qui
admire des restaurations si heureuses et si hardies, et qui se sent plus
chrétien que jamais au récit de toutes ces gloires, tous les clients de saint
Claude, vous demandent désormais une place dans votre cœur, un mot
dans vos souvenirs, une part dans vos prières, et ils en attendent le gage
dans la bénédiction de Votre Éminence.

BESANÇON, IMP. DE J. JACQUIN.

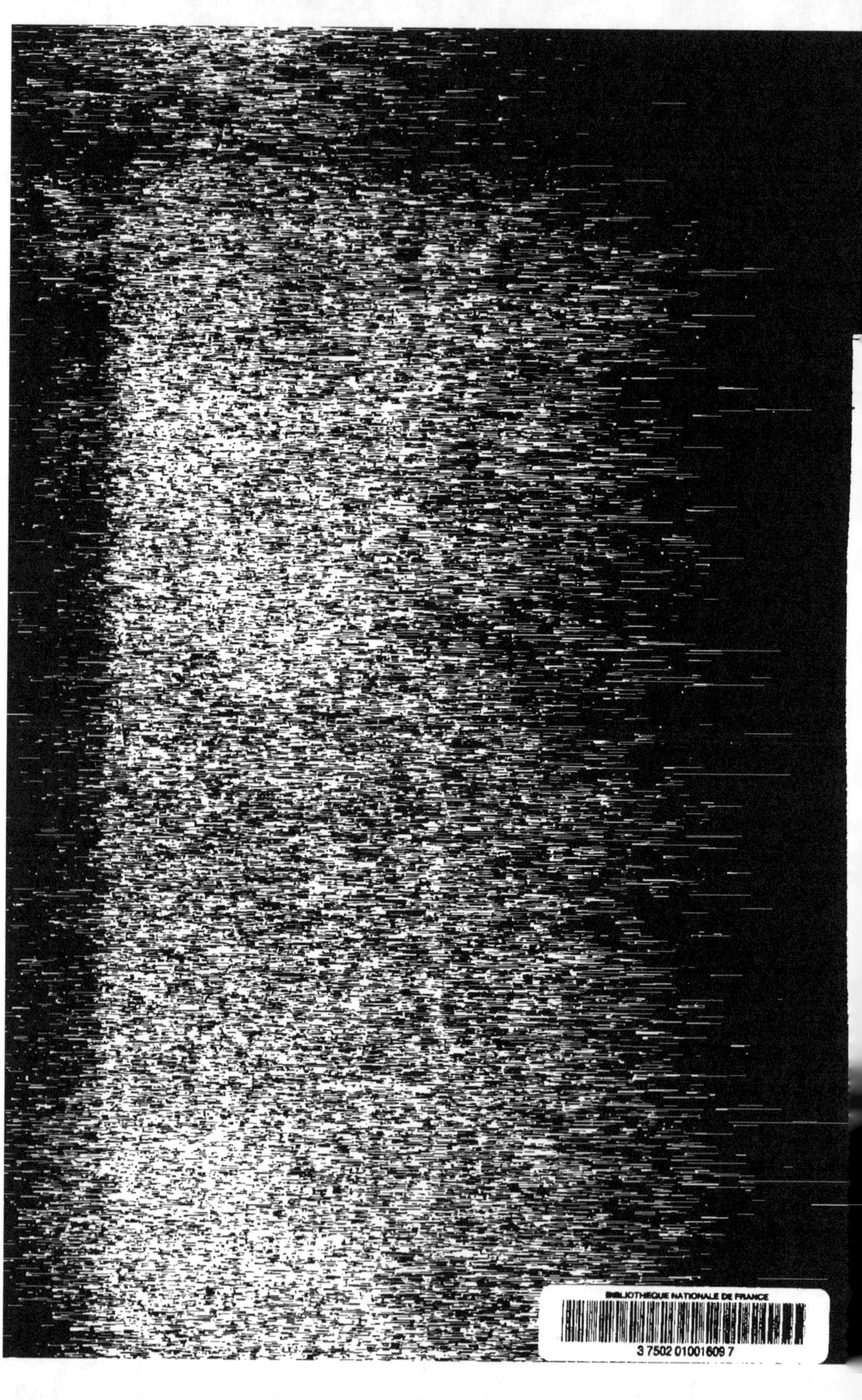